AF463339

LES KABYLES EN FRANCE

RAPPORT

DE LA COMMISSION CHARGÉE D'ÉTUDIER LES CONDITIONS DU TRAVAIL DES INDIGÈNES ALGÉRIENS DANS LA MÉTROPOLE

1914

BEAUGENCY
IMPRIMERIE RENÉ BARRILLIER

LES KABYLES EN FRANCE

RAPPORT

DE LA COMMISSION CHARGÉE D'ÉTUDIER LES CONDITIONS DU TRAVAIL DES INDIGÈNES ALGÉRIENS DANS LA MÉTROPOLE

1914

BEAUGENCY
IMPRIMERIE RENÉ BARRILLIER

LES KABYLES
EN FRANCE

I. — L'immigration des Kabyles.

Considérations générales. — On se plaît à dire que les Kabyles sont *les Chinois des pays barbaresques.* Cette assertion, déduite d'une impérieuse nécessité sociale, n'est vraie que pour les pérégrinations périodiques des Berbères en général dans les pays de l'Afrique du Nord : Algérie, Tunisie, Maroc. Il n'y a pas bien longtemps, en effet, que nos montagnards du Djurdjura connaissent et pratiquent la route de la Métropole. Cependant, ils nous ont montré qu'ils l'aiment, et avec une telle force que le phénomène vaudrait d'être analysé dans son origine, ses modalités et ses conséquences.

Sans doute, il est encore trop tôt pour y songer. Aussi bien nous bornerons-nous à l'examiner seulement dans ses primes manifestations qui ne permettent guère aujourd'hui que l'énonciation de quelques aperçus ou, si l'on aime mieux, d'éléments d'une préface à l'œuvre de pacification, plus encore, de francisation, qui s'élabore des deux côtés de la Méditerranée.

*
* *

L'émigration berbère s'offre à présent à nos yeux sous une double face : la face africaine déjà vieille et la face métropolitaine à peine esquissée. Toutes les deux procèdent des mêmes principes et des mêmes besoins sociologiques. De même que dans les montagnes d'où partent, pour les Amériques, nos Bas-Alpins et nos Basques, deux grands faits dominent les exodes berbères : la pléthore de population et la rareté, doublée souvent de l'infécondité, du sol.

La face africaine de ces exodes nous est bien connue. De tout temps, les Africains, pour mieux dire, les Berbères, qui seraient des autochtones, selon certains historiens, des immigrés préhistoriques, selon d'autres, ont aimé les grands déplacements, par nécessité sans doute, par tempérament sûrement ; c'étaient des Berbères, ces cavaliers numides, rapides comme l'éclair, qui suivaient Annibal en Europe, et ceux qui avec Jugurtha luttaient contre les légions romaines. Et ce sont encore des Berbères qui, à deux mille ans de distance, nous ont accompagnés dans toutes nos campagnes coloniales : Tonkin, Madagascar, Maroc, etc., où ils ont fait merveille. Traqués successivement par les envahisseurs de l'Ifrikia, leurs ancêtres durent se plier à bien des exigences politiques et religieuses, religieuses surtout, puisque leur historien Ibn Khaldoun nous assure qu'ils abjurèrent treize fois. Du moins songèrent-ils, sous toutes les dominations, à sauvegarder la prodigieuse vitalité de leurs race à la faveur de ces retraites si curieuses, sur les monts bardés de fer du Djurdjura, dans l'Aurès aux sites si pittoresques, le Mzab au ciel si pur et si lumineux, l'Adrar et les oasis désertiques qui abritent les Touaregs.

Que de drames dont l'histoire n'a jamais pu lever complètement le voile !

Ainsi resserrés, les seuls Berbères dont nous ayons à nous occuper, ceux de notre grande Kabylie au sol arable rare et ingrat, ne devaient plus guère avoir comme solution du problème de la vie, que l'incursion violente dans les plaines nourricières, ou le commerce avec leurs habitants durant les périodes de trêve entre les tribus. Aussi bien le moyen âge notamment est-il plein de ces luttes incessantes entre les groupes arabes et les villes et villages berbères non encore islamisés. Malgré les marabouts, grands faiseurs de trêves et de miracles, et dont les Turcs savaient si adroitement employer l'extraordinaire puissance, cette situation de conflits meurtriers dura jusqu'au jour où la France put assurer sur le territoire algérien, la sécurité des hommes et des biens.

Depuis, les Kabyles, peuple pratique, sont, malgré leur tempérament guerrier, parfaitement conscients des bienfaits de la paix. Mais les meilleures choses ont parfois des répercussions inattendues et difficiles à conjurer.

Jadis d'incessants et sanglants conflits, et plus encore la maladie sous ses formes meurtrières, enlevaient aux tribus les excès de population qu'elles n'auraient pu nourrir. La sécurité, en ramenant ces excès, a posé avec toutes ses exigences, le rude problème de la vie.

Comment l'ingéniosité kabyle l'a-t-elle résolu ?

C'est d'abord par ces pléiades de colporteurs, parcourant l'Afrique du Nord, principalement l'Algérie et la Tunisie, d'un bout à l'autre, à pied, poussant parfois un maigre bourriquot chargé d'une maigre pacotille, à écouler dans les douars : bimbeloterie, bonneterie, parfumerie, etc.

Ce commerce ne va d'ailleurs pas toujours tout seul. Il arrive qu'on salue brutalement, quelquefois tragiquement, le départ de l'hôte. C'est que des deux côtés il se produit que la confiance fragile est trahie. La femme indigène joue dans ces drames terribles un rôle que l'on devine et que sa coquetterie rend des plus dangereux. Le colporteur est le grand tentateur : il apporte des bibelots précieux et, pour les maris, un produit plus précieux encore : la poudre. Mais le colporteur est dur et avare, et les querelles commencent avec le quart d'heure de Rabelais, quand celui-ci ne s'est pas traduit par des billets à ordre usuraires. Car le

Kabyle est âpre au gain; il aime passionément l'argent et il n'est pas rare que le colportage ainsi pratiqué enrichisse à la longue son homme. Et l'on pourrait citer en Kabylie quelques douzaines de millionnaires et de demi-millionnaires qui lui doivent beaucoup.

On a tout dit sur l'Arabe, sa poésie et son insouciance, son rêve mystique et fataliste, opposé au Kabyle, musulman à la surface, aujourd'hui sédentaire et laborieux, et dont l'esprit de plus en plus ouvert sur des fenêtres de civilisation et de progrès fait qu'il se rapproche de nous apparemment sans trop de difficultés et même avec une certaine bonne grâce.

Il ne faut rien exagérer : le Kabyle est musulman à sa manière, mais il est musulman; il subit davantage que l'Arabe l'influence de ses marabouts. Cependant la nouvelle génération a certainement d'autres aspirations. C'est le fruit de notre instruction abondamment répandue dans le Djurdjura; qu'on en juge : la seule commune mixte de Fort National a dépensé, dans ces vingt dernières années, plus d'un million pour construire des écoles indigènes.

D'autre part, les Kabyles n'excellent pas seulement dans le commerce. Leurs ancêtres connaissaient l'art d'extraire de la terre les métaux. Les descendants savent fabriquer des étoffes, des poteries, des bijoux, des armes, de la poudre. Ils élèvent des abeilles, font du miel et de la cire, de l'huile et même... de la fausse monnaie. Ils aiment les arbres et la vigne.

Hardis travailleurs, aucune besogne ne les rebute et malgré le dicton kabyle : *sois colporteur, jamais agriculteur*, notre colonisation doit beaucoup à ces milliers de Berbères qui chaque année, aux époques favorables, viennent participer à nos travaux agricoles et viticoles.

De tels hommes, en contact presque permanent avec les colons, ont pris chez eux plus que des habitudes de travail méthodiques, ils se sont assimilé nos méthodes; ils ont bénéficié de nos expériences et de cette éducation, de cette collaboration dans les villages ou les fermes isolées, sont nées avec une tolérance réciproque, une certaine confiance, parfois même une réelle estime, sans lesquelles nos entreprises eussent parfois été condamnées à l'insuccès.

Ces mêmes hommes ont des fils qui, préparés, nous l'avons dit, d'un côté par l'instruction et de l'autre par l'éducation de travail de leurs pères, étaient naturellement gagnés à l'exode en France auquel nous assistons journellement.

Fait remarquable : au moment où se produisait, en 1911, le gros de l'immigration des Kabyles en France, d'un autre point de la colonie, de Tlemcen, partaient d'autres émigrants pour un pays étranger, la Syrie. Emportés par le fanatisme et la crainte de servir dans nos régiments, ils abandonnaient la terre de leurs ancêtres pour courir des aventures d'où ils nous sont revenus presque tous meurtris et assagis par la plus douloureuse des expériences.

Au contraire, les Kabyles spontanément sont venus à nous, chez nous, et l'accueil que la Métropole leur a réservé a eu des échos retentissants dans les montagnes du Djurdjura.

Nous dirons les avantages politiques, sociaux et économiques qui doivent naturellement s'en suivre.

Retenons pour l'instant que le Kabyle en s'expatriant, donne à nos jeunes compatriotes de France une rude leçon d'énergie. Il veut connaître notre pays et nous ne connaissons pas assez l'Algérie. Le déplacement qui gêne, qui effraie parfois nos compatriotes, est pour lui une bagatelle. Il ne mesure pas le temps. Il a confiance en nous, il nous livre sa personne étrangère par tant de côtés à la nôtre. Et quand, repris par la nostalgie, il retourne là-bas, près des siens, c'est, avec du mieux être, un peu d'air de France qu'il leur rapporte et qui les incite à connaître et à aimer leur grande patrie.

*
* *

Origines de l'immigration des Kabyles en France. — Jusqu'à ces dernières années, le nombre des indigènes algériens qui venaient en France était demeuré très restreint.

C'étaient des conducteurs de bestiaux, qui restaient à Marseille après y avoir laissé les animaux qu'ils étaient chargés de conduire, ou quelques colporteurs, attirés par nos grandes expositions internationales, qui parcouraient ensuite la Métropole, principalement les villes d'eau, pour écouler une pacotille plus ou moins importante.

Des essais isolés, tentés par des particuliers pour faire venir d'Algérie des serviteurs à gages, ou même des ouvriers, n'avait abouti à aucun résultat appréciable.

Mais le besoin croissant de main-d'œuvre, qui a provoqué depuis plusieurs années une formidable immigration d'ouvriers étrangers dans notre pays, surtout dans l'Est, devait aussi amener les Algériens, particulièrement les Kabyles, à venir travailler dans la Métropole.

Dans une brochure publiée en 1899, M. Ait Mehdi, délégué financier, signalait déjà les services que pourrait rendre à l'industrie métropolitaine, ces montagnards laborieux et intelligents qui ne craignent pas de s'expatrier pour rapporter un peu d'aisance dans leur famille.

Les expériences faites depuis trois ou quatre ans par quelques industriels de la Métropole, à Marseille et à Clermont-Ferrand notamment, justifièrent en effet ces prévisions, et dans son rapport sur le fonctionnement de l'Office de l'Algérie à Paris en 1911, le Directeur de ce Service envisageait l'éventualité de prendre des mesures pour canaliser l'immigration croissante de nos indigènes en France.

L'enquête de 1912. — Afin de préciser l'importance de ce mouvement, le Gouvernement général fit alors procéder à une enquête dans toutes les Préfectures de France. Cette enquête révéla la présence, en 1912, de 4 à 5.000 indigènes algériens, résidant principalement à Marseille, à Paris et dans le bassin houiller du Pas-de-Calais; elle démontra que, au lieu de se cantonner comme autrefois dans le métier de colporteur, ils étaient pour la plupart employés dans des établissements industriels ou miniers (1).

Ces résultats, que confirmaient d'ailleurs les indications recueillies auprès des autorités locales de la Colonie, démontraient donc l'existence d'un véritable mouvement d'immigration. On se trouvait ainsi en présence d'un fait économique nouveau, dont l'Administration ne pouvait se désintéresser, car il soulevait un certain nombre de problèmes fort complexes, mais assurément dignes de retenir l'attention. Quel serait l'accueil fait, dans la Métropole, à cette main-d'œuvre algérienne? Quelles seraient, au point de vue de la colonisation, les conséquences de cet exode? Quelles seraient enfin les transformations que ce déplacement de nos sujets kabyles entraînerait dans les mœurs et dans l'attitude de nos populations indigènes?

En tout état de cause, il ne pouvait être question de s'opposer au mouvement signalé. Si, dans le passé, l'Administration algérienne s'est trouvée amenée à prendre parfois, au sujet de l'émigration des indigènes, certaines mesures restrictives, motivées généralement par des considérations locales et par les abus occasionnés par le colportage, la situation n'est plus la même aujourd'hui et la suppression de l'obligation du permis de voyage (2) donne désormais

(1) Voir annexe n° 1.

(2) Cette suppression, généralisée par l'arrêté du Gouverneur général en date du 18 juin 1913, avait déjà été réalisée par une circulaire du Gouverneur général, en date du 28 janvier 1905. Aux termes de cette circulaire, sont dispensés de l'obligation du permis de voyage, pour se rendre en France, les Indigènes employés comme domestiques ou ouvriers au service des Européens, ainsi que ceux qui seraient embauchés par des propriétaires, des agriculteurs, et par des associations agricoles, industrielles ou commerciales pour être employés dans la Métropole. Ces Indigènes doivent seulement se munir de la carte d'identité prévue par la loi du 24 décembre

aux indigènes toute liberté de quitter leurs douars pour se rendre où bon leur semble. L'Administration n'avait donc pas à intervenir directement, mais il importait qu'elle suivît de très près cet exode de la main-d'œuvre indigène, afin de remédier aux inconvénients qui pourraient en résulter et pour le guider au besoin.

L'enquête de 1912 avait déjà permis de dégager quelques constatations intéressantes : d'une manière générale cette main-d'œuvre algérienne était bien accueillie en France, où elle se substituait à la main-d'œuvre étrangère sans concurrencer celle de nos nationaux; elle était appréciée par les patrons, et les ouvriers kabyles vivaient en bons termes avec leurs camarades français.

Désignation d'une Commission. — Pour compléter ces premières constatations générales par une enquête plus approfondie, M. le Gouverneur général nomma, d'accord avec M. le Sous-Secrétaire d'Etat à l'Intérieur, une Commission chargée d'aller étudier sur place la situation exacte des principaux groupes d'indigènes algériens établis en France et particulièrement dans le Pas-de-Calais (1).

1904 et dont le modèle a été déterminé par un arrêté du Gouverneur général en date du 1er février 1905.

(1) Cette Commission était composée de MM. Depont, inspecteur général des communes mixtes, de Costigliolo, sous-directeur de l'Office de l'Algérie, et Aitmehdi, caïd des Beni-Menguellet.

II. — Bassin houiller du Pas-de-Calais.

Opérations de la Commission. — La première région visitée par la Commission fut celle du Pas-de-Calais, où l'enquête de 1912 avait signalé la présence de 400 indigènes algériens travaillant dans les mines de la Compagnie de Courrières.

Au cours de la discussion des interpellations sur l'indigénat à la Chambre des Députés, la situation des ouvriers algériens employés dans cette région minière avait d'ailleurs été présentée comme particulièrement malheureuse.

M. Doizy, Député des Ardennes, avait, en effet, déclaré qu'ils étaient logés dans des baraquements construits tout exprès, couchés sur des grabats superposés, à raison d'une trentaine dans des pièces d'un cube d'air de 100 mètres seulement; il avait ajouté que les compagnies minières ne leur appliquaient pas la loi sur les accidents du travail et qu'un certain nombre d'entre eux étaient retournés infirmes dans leur pays, sans avoir obtenu aucune des compensations que la loi de 1898 accorde aux accidentés du travail (1).

La Commission se rendit à Arras le 16 janvier 1914. Après avoir conféré avec le Préfet, l'Ingénieur en chef des Mines et l'Inspecteur divisionnaire du Travail, elle commença le jour même la visite des centres houillers, qui se continua les jours suivants. L'accueil empressé qu'elle trouva auprès de M. le Député Basly, maire de Lens, et Président du Syndicat des Mineurs de houille du Pas-de-Calais, auprès de MM. les Directeurs et Ingénieurs des

(1) Chambre des Députés, 2e séance du 17 déc. 1913 (*J. O.* du 18 décembre 1913, p. 3858 et suiv.).

Compagnies (1), ainsi que le concours dévoué que voulut bien lui prêter M. Gaillard, industriel à Lens et algérien de naissance, facilitèrent grandement ses travaux.

Nombre des ouvriers Kabyles. — D'après les renseignements recueillis par la Commission, le bassin houiller du Pas-de-Calais occupait, au milieu du mois de janvier 1914, environ 1.500 indigènes algériens, presque en totalité d'origine kabyle (2).

Les mines de Liévin en occupaient. .	96
Celles de Courrières	903
Celles de Drocourt.	194
Celles de l'Escarpelle (Courcelles-les-Lens)	63

La proportion des étrangers employés dans ces mines est encore bien supérieure à celle des ouvriers kabyles. C'est ainsi que Liévin occupe environ 400 étrangers ; à Courrières, sur environ 14.000 ouvriers, 1.600 à 1.700 sont étrangers ; à Drocourt, les Belges représentent un cinquième de l'effectif, qui comprend également un certain nombre d'Italiens et de Polonais.

(1) La Commission tient à remercier particulièrement MM. Reumaux, Directeur général et du Bousquet, ingénieur en chef à la Compagnie des mines de Lens ; Lavaurs, Directeur et Guerre, ingénieur en chef de la Compagnie des mines de Courrières ; Morin, Directeur de la Compagnie des mines de Liévin ; Masson, Directeur et d'Auzon, ingénieur en chef de la Compagnie des mines de Drocourt ; Théry, Directeur de la Compagnie des mines de l'Escarpelle, pour les renseignements qu'ils ont bien voulu lui fournir.

(2) Depuis son retour à Paris, la Commission a appris que le nombre des Kabyles employés dans le bassin houiller du Pas-de-Calais et du Nord avait encore augmenté. Voici quelle serait la répartition de ces ouvriers dans les premiers jours de mars 1914 : 200 à Liévin ; 935 à Courrières ; 200 à Drocourt ; 50 à Carvin ; 150 à l'Escarpelle ; 200 à Anzin.

Recrutement et embauchage. — Les indigènes algériens employés dans les mines du Pas-de-Calais sont venus spontanément en payant eux-mêmes leur voyage (1). C'est la compagnie de Courrières qui, la première, a embauché il y a quelques années, un kabyle qui, se trouvant sans ressources dans cette région, était venu demander du travail. Cet essai ayant été satisfaisant, deux ou trois autres ouvriers furent pris dans les mêmes conditions et la nouvelle en fut bientôt connue en pays kabyle, où elle provoqua aussitôt un certain nombre de départs. Les nouveaux arrivants furent accueillis volontiers par les Compagnies, dont la main-d'œuvre, déjà insuffisante, s'était encore trouvée diminuée, à cette époque, par la brusque disparition de plusieurs centaines d'ouvriers belges qui regagnèrent leur patrie à la suite de l'amnistie qui suivit l'avènement du roi Albert. A l'heure actuelle, c'est encore vers Courrières que se dirigent la plupart des Kabyles qui partent d'Algérie, attirés par leurs camarades déjà employés en France, ou peut-être par les démarches de certains de leurs coreligionnaires qui s'offrent à leur servir d'intermédiaire auprès des compagnies de transport. De Courrières, ceux qui n'ont pas trouvé à s'embaucher dans les mines de cette Compagnie vont se présenter dans les autres puits du bassin houiller.

L'embauchage dans les mines est subordonné à la production de l'acte de naissance et au résultat d'une visite médicale. Les Kabyles n'apportent pas d'ordinaire leur acte de naissance, mais cette pièce est réclamée par les Compagnies, qui les emploient provisoirement sur le vu de la carte d'identité qu'ils possèdent, comme tous les indigènes algériens du territoire civil. L'acte de naissance ne sert pas uniquement à constater l'âge de l'ouvrier (on embauche les ouvriers de 13 à 40 ans), il est nécessaire aussi pour permettre aux compagnies d'opérer leurs versements à la

(1) Ce voyage représente une dépense d'environ 90 fr. par ouvrier.

Caisse des Retraites. Quant à l'examen médical, il est généralement favorable aux Kabyles ; pourtant, il est arrivé que plusieurs d'entre eux ont été écartés en raison de l'insuffisance de leur développement physique ou en raison de la faiblesse de la constitution.

Une difficulté, qui n'est d'ailleurs pas spéciale aux Algériens, réside dans la possibilité de substitution d'un ouvrier à un autre, soit qu'un ouvrier trop jeune ou trop âgé se présente avec l'état civil d'un autre, soit qu'un ouvrier, redoutant la visite médicale, produise le certificat délivré antérieurement à l'un de ses camarades. Pour remédier tout au moins à cette deuxième catégorie de substitutions, les compagnies ont dû recourir à divers procédés d'identification. C'est ainsi que la Société de Liévin fait apposer la photographie de l'ouvrier sur la fiche-classement qui lui est attribuée et que celle de Courrières a adopté l'empreinte du pouce, prise au moment de la visite.

Les Kabyles qui arrivent continuellement dans le Pas-de-Calais ne trouvent pas tous à s'embaucher et restent parfois assez longtemps en chômage, s'efforçant alors de trouver des ressources dans la vente de quelque pacotille à travers les rues des grandes cités houillères, mais épuisant souvent leurs économies et vivant à la charge de leurs camarades. Ils se plaignent vivement de ce chômage et s'étonnent avec une certaine amertume de ce qu'on ne les emploie pas immédiatement, de préférence aux Belges et aux autres étrangers qui travaillent dans les mines. Or, si les conditions dans lesquelles se produit actuellement l'immigration des Kabyles dans le Pas-de Calais peuvent présenter quelques inconvénients du fait de la non production immédiate de leur acte de naissance ou du fait de l'inaptitude physique de certains d'entre eux, ce ne sont pas ces deux causes qui s'opposent à l'embauchage ; c'est une cause économique d'ordre général, un manque de concordance entre l'offre et la demande.

Comme nous l'avons indiqué plus haut, le nombre des Kabyles employés dans les mines du Pas-de-Calais a considérablement augmenté depuis quelques années ; il est passé, pour les seules mines de Courrières, de 435 au 30 novembre 1912, à 903 au 16 janvier 1914 ; les compagnies qui utilisent cette main-d'œuvre sont disposées à y recourir plus largement, et la Compagnie des mines de Lens, qui n'a pas embauché d'Algériens jusqu'à présent, a l'intention, ainsi que l'a déclaré son directeur général, M. Reumaux, à la Commission, de procéder à un essai portant sur une cinquantaine ou une centaine d'ouvriers. Mais, en ce moment, il n'est pas possible d'embaucher dans le Pas-de-Calais tous les Kabyles qui se présentent, parce qu'ils sont trop nombreux pour le travail qu'ils peuvent exécuter. La nature des travaux auxquels ils peuvent prétendre ne permet aux compagnies que de les prendre progressivement et suivant les besoins de l'exploitation. Or, leur départ spontané d'Algérie et leur arrivée à Courrières ne proportionnent nullement leur offre de main-d'œuvre à ces besoins, surtout en ce qui concerne les autres compagnies, qui ne reçoivent les ouvriers kabyles qu'après une première sélection opérée au profit de la Compagnie de Courrières.

Emplois occupés. — Parmi les divers travaux exécutés dans les mines, le plus important, celui de la veine, exige en effet, non seulement de la force et de la résistance à la fatigue, mais aussi une expérience professionnelle qui ne s'acquiert qu'après un travail de plusieurs années au fond. Les Kabyles qui viennent se faire embaucher ne sont donc pas en état d'occuper cet emploi. C'est cette année seulement que la compagnie de Courrières a pu faire un premier essai, en affectant au travail de la veine une douzaine d'Algériens, qu'elle occupait déjà depuis près de deux ans dans une de ses fosses. Lors du passage de la commission, cet essai ne datait encore que d'une quinzaine de jours, mais, d'après les déclarations des ingénieurs, il paraissait devoir donner des résultats satisfaisants.

Quoi qu'il en soit, les Kabyles qui travaillent dans les mines du Pas-de-Calais sont actuellement presque tous utilisés comme remblayeurs. Quelques-uns sont employés à l'accrochage, au roulage, ou comme conducteurs ; il y en a aussi aux ateliers.

Valeur du travail. — Ces ouvriers sont généralement appréciés par les compagnies. Leur rendement, il est vrai, est plutôt considéré comme légèrement inférieur à celui des ouvriers métropolitains ou belges et quelques critiques ont été formulées, portant sur certains d'entre eux qui marqueraient un peu de mollesse ou de faiblesse dans leur travail, mais on estime généralement qu'ils montrent de la bonne volonté et sont plutôt adroits, en sorte qu'on peut penser que leur rendement augmentera lorsqu'ils auront contracté des habitudes d'hygiène, qu'ils seront mieux habitués au pays et à leur nouvelle existence. On s'accorde en tous cas à reconnaître leur docilité et leur esprit de discipline. Quant aux départs, ils se produisent parfois après la paye, chez les Kabyles embauchés depuis peu de temps, mais la plupart persévèrent et ne s'absentent qu'après un assez long séjour, pour aller passer un mois ou deux dans leur pays ; ils reviennent ensuite à la mine où ils travaillaient. Cette absence momentanée est compensée par l'arrivée d'autres Algériens et les compagnies, qui ont déjà constaté des départs analogues chez des ouvriers originaires d'autres régions, chez les Bretons, par exemple, ne paraissent pas s'en alarmer.

Salaires. — Les Kabyles employés aux divers travaux accessoires énumérés ci-dessus reçoivent un salaire journalier qui s'élève, défalcation faite des retenues pour la caisse des retraites et pour la caisse de secours, au chiffre minimum de 4 fr. 90. Les jeunes ouvriers gagnent un peu moins, leur salaire atteint environ 3 à 4 francs.

Lois sociales et institutions de prévoyance. — L'attention de la Commission s'est portée particulièrement sur la question de l'application des lois sociales, et particulièrement de la loi sur les accidents du travail. Elle a recueilli à cet égard, tant auprès des intéressés qu'auprès des autorités compétentes, l'assurance formelle que les Kabyles bénéficient de cette législation comme les autres ouvriers français. Des accidents se sont produits, à la suite desquels un arrangement amiable est intervenu dans la plupart des cas, entre la victime et la compagnie, comme cela a lieu également pour les autres ouvriers ; il est arrivé aussi que des ouvriers kabyles n'ont pas accepté l'arrangement proposé par la compagnie et l'affaire a été, dans ce cas, solutionnée par les tribunaux (1). Il est intéressant de constater à ce sujet que des indigènes algériens, retournés dans leur pays, auront ainsi bénéficié de la loi sur les accidents du travail avant même que ce texte législatif ait été rendu applicable dans la colonie.

Les ouvriers kabyles profitent également des institutions de secours mutuels et de l'assistance médicale fonctionnant dans les différentes compagnies houillères.

Sociétés de préparation militaire. — Ajoutons que des sociétés de préparation militaire ont été organisées dans les divers centres du bassin minier. La Commission a eté heureuse d'apprendre que la compagnie de Courrières se préoccupe de faire entrer dans ces sociétés les ouvriers kabyles qu'elle a embauchés.

Rapports avec la population. — La Commission a tenu également à se renseigner sur les rapports des indigènes algériens avec la population et avec les autres ouvriers des mines. Quelques incidents s'étaient en effet produits l'an-

(1) A titre d'exemple, nous publions en annexe (annexe n° 2) le relevé, qui a été remis à la Commission par la compagnie de Courrières, des cas d'accidents survenus aux Kabyles employés dans les mines de cette société, avec l'indication des indemnités obtenues par les intéressés.

née précédente, qui avaient motivé l'intervention énergique du sous-préfet de Béthune, et au mois d'août 1913, à la suite d'une bagarre grave survenue à Fouquières-les-Lens entre des ouvriers belges et des sujets algériens, ceux-ci avaient transmis leurs doléances à M. le Gouverneur général. Depuis lors, les poursuites judiciaires intentées contre les auteurs de cette bagarre, et les mesures administratives qui ont été prises ont évité le retour d'incidents de cette nature. De leur côté, les compagnies ont veillé à ce que les Kabyles ne soient pas molestés dans leur travail; la compagnie de Courrières notamment, a signalé à la Commission qu'elle n'avait pas hésité à congédier 20 ouvriers belges qui avaient mal accueilli les nouveaux ouvriers algériens.

De fait, la Commission n'a recueilli aucune plainte contre ces derniers. Si leurs camarades de la mine suspectent généralement leur propreté, ou si la population dans certaines agglomérations considèrent leur coiffure rouge avec une curiosité un peu railleuse, aucun grief précis n'a été articulé contre eux. Les ouvriers interrogés par la Commission se sont plu à reconnaître au contraire, qu'ils sont en somme d'un caractère conciliant et doux et qu'étant sujets français, ils méritent d'être accueillis cordialement par leurs camarades de la Métropole. Certains ont même fait remarquer que beaucoup de ces Kabyles parlent mieux notre langue que les Flamands. Quant aux commerçants, s'ils ont été un peu déçus au début en constatant que les indigènes algériens ne sont pas de gros consommateurs, ils n'ont cependant pas tardé à les estimer en les voyant solder tous leurs achats au comptant.

Les ouvriers kabyles que la Commission a visités, soit isolément, soit groupés dans les estaminets où ils se réunissent habituellement, ne se sont d'ailleurs plaints, de leur côté, d'aucun mauvais traitement. A Liévin, à Sallaumines, à Billy-Montigny, notamment, où plusieurs d'entre eux ont pris la parole au nom de leurs camarades pour remercier le Gouverneur général de l'envoi de la Commission et témoigner leur satisfaction de cette marque de sollicitude, leurs réclamations ont porté à peu près uniquement sur les difficultés de l'embauchage et ils ont insisté vivement pour que les étrangers ne leur soient pas préférés. Ce n'est qu'à Billy-Montigny, où les Kabyles étaient rassemblés au nombre de 2 à 300, dans la région même où s'étaient passés les incidents de l'année précédente, dont le souvenir n'était peut-être pas entièrement éteint, que deux orateurs ont formulé des revendications relatives à l'attitude de la population à leur égard. L'un s'est plaint de ce que l'enterrement d'un de leurs coreligionnaires, effectué peu de jours auparavant suivant les rites pratiqués en Algérie, ait provoqué une telle affluence de curieux que la marche du cortège en aurait été gênée. L'autre a protesté contre le surnom de « tchouk-tchouk » qui est donné dans le pays aux Kabyles coiffés de la chéchia. La Commission a aussitôt signalé à M. le Maire de Billy-Montigny le désir légitime manifesté par les ouvriers musulmans domiciliés dans sa commune de voir assurer plus complètement la dignité de leurs convois funèbres. Quant à l'appellation de « tchouk-tchouk », la Commission n'a pu qu'engager ses auditeurs kabyles à supporter gaiement ce sobriquet, sans y attacher plus d'importance qu'il ne convient.

Vêtements. — Il est d'ailleurs à prévoir que la curiosité suscitée parmi les populations du Pas-de-Calais par l'arrivée des premiers ouvriers kabyles ira de jour en jour en s'atténuant, d'autant plus que les particularités de leur costume, qui avaient surtout frappé ces populations, tendent elles-mêmes à disparaître. Tous les Kabyles rencontrés par la Commission étaient vêtus à l'européenne, avec le cache-nez en usage dans le nord, et plus de la moitié d'entre eux avaient même remplacé la chéchia par une casquette française. Le dimanche, jour du repos hebdomadaire, plusieurs étaient habillés avec une certaine recherche et si quelques-uns, correctement vêtus d'un complet veston, avaient arboré une chéchia neuve, d'autres portaient le chapeau melon et se distinguaient difficilement des habitants du pays.

Coutumes religieuses. — Cet abandon du costume traditionnel n'implique nullement de leur part un affaiblissement de leurs sentiments musulmans. Ils continuent, en effet à observer scrupuleusement les pratiques de leur religion. A la suite d'une démarche qu'ils ont faite, dès le début de leur arrivée à Courrières, ils ont obtenu qu'à l'abattoir une bête fut tuée spécialement pour eux et suivant leurs rites. Au moment du Rhamadan, ils observent rigoureusement le jeûne et ils ont même obtenu de la Compagnie de Courrières que l'heure du repas du soir, appelé « briquet », fut modifiée en ce qui le concerne, de façon à la faire coïncider avec la fin du jeûne quotidien (1). A l'occasion du décès d'un des leurs, la Compagnie de Courrières s'est également montrée soucieuse de respecter les coutumes des Kabyles ; elle a acheté une concession de 30 ans et y a fait faire pour le défunt une fosse en briques établie d'après les indications de ses coreligionnaires.

Propreté. — Les ablutions prescrites par la religion musulmane ne suffisent pas, pour des gens qui travaillent dans les mines de charbon, à maintenir chacun en parfait état de propreté, chose aussi désirable cependant pour l'hygiène que pour la bonne tenue de l'ouvrier, et nous avons fait allusion plus haut à une certaine appréhension que marquaient les mineurs européens au contact des Kabyles. L'usage traditionnel, dans le bassin houiller, est que le mineur, en rentrant du travail, trouve chez lui un baquet d'eau chaude préparé par sa femme et procède immédiatement à une toilette générale. Les mineurs Kabyles, qui n'ont pas d'intérieur familial et sont généralement groupés

(1) Voir aux annexes (annexe n° 3) la circulaire adressée à cet effet par l'Ingénieur en chef de la Compagnie de Courrières.

chez des logeurs, ne bénéficient pas à cet égard de soins si attentifs, bien que la Commission ait constaté, dans quelques garnis, la présence de baquets destinés à cet usage. Une disposition récente a d'ailleurs obligé les compagnies à installer, dans un délai de deux ans, des bains-douches dont les mineurs ont la faculté de se servir et qui comportent des casiers individuels, dont les ouvriers qui utilisent les bains-douches ont la libre disposition, ce qui leur permet de revêtir à la mine un vêtement de travail et de repartir, ablutionnés, et avec un vêtement propre. Certaines de ces installations fonctionnent déjà et la Commission a recueilli à ce sujet des indications qui sont de nature à calmer les appréhensions manifestées à l'égard des Kabyles par leurs camarades européens : à Courrières, par exemple, sur 109 Kabyles employés à la fosse n° 3, 102 utilisaient habituellement les bains-douches ; à la fosse n° 13, la proportion était de 92 sur 106. Cette proportion serait notablement supérieure à celle de l'utilisation des bains-douches par les ouvriers européens.

Logement. — La question des logements était une de celles qui avaient fait l'objet des critiques apportées à la tribune de la Chambre des députés. La Commission s'est attachée à recueillir sur ce point les renseignements les plus complets ; elle a visité les chambres occupées par les Kabyles dans les principaux centres, et particulièrement à Liévin, à Sallaumines et à Billy-Montigny. Si elle n'a pas trouvé trace des baraquements à grabats superposés dont on avait parlé, et si les ouvriers algériens les moins confortablement installés n'ont pas paru mécontents de leur installation, supérieure en somme à ce qu'était pour la plupart la demeure ancestrale, elle a reconnu cependant que plusieurs logements laissaient à désirer au point de vue de l'air et de la lumière.

Dans les premiers temps de leur arrivée à Courrières, un certain nombre de Kabyles auraient bien loué une baraque en bois construite par un entrepreneur de briques, mais cette baraque aurait été détruite depuis près de deux ans. Actuellement, les ouvriers Kabyles habitent en garni, dans des estaminets ou dans les logements qu'ils peuvent trouver, et comme ils visent à l'économie, ils ne recherchent pas les plus luxueux et se groupent à 2, 3 ou 4 par chambre au prix moyen de 3 fr. 50 par quinzaine chacun. Quelques-uns de ces garnis sont tenus par des Kabyles, d'autres par des familles du pays qui semblent traiter avec sympathie leurs pensionnaires algériens. A Liévin, un de ces estaminets comprend un nombre de chambres suffisant pour en loger 45; Le propriétaire, M. Bizet, s'est adjoint un Kabyle, connu sous le nom de Jean, qui le seconde dans la direction de l'établissement et maintient avec autorité le bon ordre dans la petite colonie.

Quoi qu'il en soit, malgré la bonne humeur avec laquelle tous ces immigrés, généralement très jeunes, semblaient s'accommoder du froid assez rigoureux, groupés autour des poêles dans leurs petites chambres, la Commission n'a pu s'empêcher de comparer ces installations sommaires, dont la pauvreté et la rusticité contribuent à maintenir les occupants un peu à l'écart de la vie locale, avec ces confortables corons qui s'alignent le long des grandes routes du pays, ropres, clairs et commodes, certains même élégants, et qui, construits par les soins des Compagnies, sont mis par elles à la disposition des familles de leurs ouvriers.

Les Compagnies, auxquelles la Commission communiquait cette impression, ont fait remarquer qu'elles consentiraient volontiers à mettre des maisons de ce genre à la disposition des ouvriers Kabyles qui amèneraient avec eux leur famille. Mais d'une façon générale, les Compagnies ne logent que les ouvriers veineurs mariés, soit que le nombre limité des maisons les obligent à cette mesure d'ensemble, soit que la nécessité n'ait pas apparu jusqu'à présent de fournir un logement aux célibataires, les ouvriers français isolés trouvant assez facilement à prendre pension dans une famille.

Cependant M. Reumaux, Président de la Section du Bassin

du Pas-de-Calais du Comité des Houillères de France et Directeur général des Mines de Lens, envisageant la possibilité de faire venir des Kabyles dans les fosses de cette Compagnie, a déclaré à la Commission que la question du logement de ces ouvriers serait, dans ce cas, une de ses premières préoccupations. La construction d'un bâtiment spécial, comportant un dortoir, une salle commune et un réfectoire, lui paraîtrait un bon moyen de la résoudre.

A son retour à Paris, la Commission a appris, d'autre part, que la Compagnie de Courrières avait décidé de mettre à la disposition des Kabyles un certain nombre de maisons moyennant un prix de location des plus avantageux. Ces maisons, qui comportent cinq vastes pièces claires et aérées, des communs, buanderie, cuisine, et un grand jardin, pourraient accueillir 12 à 15 Kabyles dans les meilleures conditions d'hygiène et de confort. Il y a là une initiative des plus heureuses et il est à souhaiter qu'elle se généralise dans le bassin de houiller du Pas-de-Calais.

III. — Paris.

Nombre des indigènes algériens. — L'enquête de 1912 avait révélé la présence, dans le département de la Seine, de 600 indigènes algériens fixés à demeure, dont 250 employés dans les raffineries, 36 à la Compagnie des omnibus, 40 dans les chemins de fer, et les autres dans les usines de produits chimiques, dans l'industrie du bâtiment, dans les hôtels, restaurants, etc. On comptait, en outre, 1.500 indigènes algériens de passage.

Depuis cette époque, le nombre de ces immigrés paraît avoir augmenté. Il y a actuellement environ 420 kabyles dans les raffineries ; la Compagnie des omnibus, malgré la diminution de sa cavalerie, en emploie encore une quarantaine. Quelques-uns sont entrés au Métropolitain ; enfin, indépendamment des colporteurs, Paris renferme aujourd'hui une certaine quantité d'indigènes algériens qui sont étudiants, ou occupent des situations libérales.

Embauchage. — Paris attire naturellement tous ceux qui recherchent du travail. Mais précisément à cause de cette affluence d'arrivants, la situation de la main d'œuvre n'est pas analogue à celle des mines et les indigènes algériens éprouvent la plus grande difficulté à se faire embaucher. Les industries qui en emploient déjà n'ont que des places limitées à leur offrir, et partout ailleurs ils se trouvent en concurrence avec beaucoup d'autres demandeurs. La Commission a ainsi été saisie des doléances d'un grand nombre de chômeurs kabyles et leurs camarades se sont joints à eux pour se plaindre qu'on ne leur accorde pas immédiatement la préférence sur les ouvriers étrangers établis dans la capitale.

Emplois occupés. — Les emplois occupés par les indigènes algériens à Paris présentent une assez grande diversité, qui tient en premier lieu à la variété des professions qu'ils embrassent. Mais, même à ne s'en tenir qu'à ceux qui travaillent dans l'industrie, il semble qu'ils soient moins spécialisés dens les travaux accessoires, et que, sans pouvoir prétendre naturellement aux emplois qui nécessitent une certaine science professionnelle, ils se partagent indistinctement, avec les ouvriers européens les différentes tâches de l'usine.

Valeur du travail. — En effet, si leurs débuts sont généralement médiocres et témoignent notamment d'un peu de maladresse, ils arrivent, après quelque temps, à acquérir la force et la formation nécessaires pour donner un rendement utile. Au point de vue de la discipline, la Commission a recueilli également des appréciations favorables de la part des employeurs qu'elle a visités.

Salaires. — En raison de la diversité des emplois occupés, les Kabyles arrivent souvent à gagner des salaires supérieurs à ceux qui leur sont attribués dans les mines. Il est vrai que le coût de la vie est aussi plus élevé dans la région parisienne.

Lois sociales et institutions de prévoyance. — La loi sur les accidents du travail et les autres règlements intéressant les ouvriers sont appliqués aux Kabyles comme aux Français.

Il en est de même des caisses de secours et institutions de prévoyance qui fonctionnent dans les établissements où ils sont employés.

Rapports avec les autres ouvriers. — Leur participation aux caisses de secours a même failli provoquer quelques dissentiments entre eux et les ouvriers français. Ces derniers leur reprochaient d'appauvrir, par de trop fréquents accidents, les ressources des caisses de secours. Le fait a été confirmé à la Commission par la direction de la raffinerie Say. C'est cet établissement qui occupe à Paris le plus grand nombre d'ouvriers kabyles, dans la proportion de 25 0/0 de son personnel. Or, on aurait constaté pour ces ouvriers kabyles, qui ne sont, paraît-il, presque jamais indisponibles pour cause de maladie, un nombre de petits accidents triple du nombre constaté pour les ouvriers européens. Ces derniers s'étaient donc inquiété de la fréquence de ces accidents, craignant de voir les indemnités allouées aux Kabyles pour incapacité temporaire de travail, épuiser progressivement les ressources de la caisse de secours. Mais ils n'ont pas tardé à reconnaître que ces légers accidents n'étaient nullement volontaires et devaient être imputés à ce manque d'adresse et d'expérience que nous avons signalé plus haut. En outre, le geste bienveillant de la Société Say, qui a consenti à verser à la caisse de secours une allocation spéciale pour compenser le prélèvement correspondant à ces indemnités, a achevé de ramener la bonne entente entre ouvriers français et algériens.

Habillement. — Plus encore que dans le Nord de la France, les Kabyles employés dans les manufactures de Paris tendent à adopter complètement le costume européen et remplacent sans difficulté la chéchia par une autre coiffure.

Coutumes, groupements mutualistes, logements.—Au point de vue des coutumes religieuses, aucune difficulté n'a été signalée à la Commission. Les Kabyles profitent des ressources de toute sorte qu'offre la grande ville, et de la liberté qui est laissée à chacun d'organiser sa vie comme il l'entend. Ils se groupent volontiers entre eux, soit pour prendre pension dans de petits restaurants ou chez un de leurs camarades, soit pour se loger. Les industries qui les emploient ne se préoccupent pas d'ordinaire du logement de leurs ouvriers, mais les habitations du quartier permettent à ces derniers de trouver des installations salubres à un prix normal.

Dans un café situé 128, boulevard de la Gare, et où se réunissent habituellement les Kabyles qui travaillent dans les raffineries, une association amicale était en voie d'organisation lors du passage de la Commission. Le bureau provisoire, uniquement composé d'indigènes, avait déjà élaboré, sous l'inspiration du propriétaire du café, M. Sollier, vice-président de l'Union Syndicale des Débitants de Paris et de la banlieue, un projet de statuts prévoyant notamment l'intervention de l'Association pour faciliter l'embauchage des Kabyles sans travail.

IV — Marseille.

Nombre des indigènes algériens. — D'après l'enquête de 1912, il y avait, à cette époque, environ 2,000 indigènes algériens dans le département des Bouches-du-Rhône, dont 400 dans les huileries, 300 dans les raffineries, et les autres dans les fonderies, où travaillant comme terrassiers et manœuvres divers.

Ce nombre ne paraît pas s'être augmenté dans de fortes proportions depuis lors. Il comprend une très grande majorité des Kabyles et quelques Arabes.

Recrutement et embauchage. — C'est l'huilerie Maurel et Prom qui a, la première, implanté à Marseille la main-d'œuvre kabyle. Un contremaître français de cette usine, qui avait habité précédemment Tizi-Ouzou, eut l'idée de s'adresser à ses amis d'Algérie pour faire venir quelques Kabyles destinés à remplacer les Italiens en grève. Plus tard, les maisons similaires et d'autres industriels, qui avaient pris, au début, cette tentative pour une plaisanterie, eurent également recours à la main-d'œuvre kabyle, notamment les raffineries, lorsqu'une grève de trois mois éclata, en 1910, parmi leur personnel étranger. Enfin ces ouvriers, originaires presque tous de Tizi-Ouzou, d'Azeffoun, de Michelet et surtout d'Azazga, ont appelé auprès d'eux des parents et des amis, qui s'efforcent de trouver du travail comme terrassiers, quand ils ne peuvent se faire embaucher dans les usines. Comme leurs camarades du Pas-de-Calais et de Paris, ces derniers venus se plaignent de n'être pas immédiatement préférés aux étrangers, Italiens, Arméniens et autres ; ils reprochent même aux entreprises de Marseille de prêter trop facilement l'oreille aux dires des contremaîtres étrangers, toujours portés, croient-ils, à les remplacer par leurs propres compatriotes en leur suscitant mille difficultés.

Valeur du travail. — Les principales industries visitées s'accordent à reconnaître la bonne tenue au travail et la discipline des ouvriers kabyles, qui s'assimilent assez vite leur métier et fournissent un rendement égal à celui de leurs concurrents étrangers.

L'on reproche toutefois à l'ouvrier kabyle de Marseille ses trop fréquentes visites en Algérie, ce qui empêche les industriels de compter sur lui et de le substituer plus largement à l'élément italien si remuant.

Salaires. — Les salaires auxquels peuvent prétendre les ouvriers kabyles à Marseille varient généralement de 4 à 4 frs 50.

Lois sociales et institutions de prévoyance. — Les Kabyles bénéficient, comme les autres ouvriers, des diverses lois sociales et des institutions d'assistance ou de prévoyance qui peuvent exister dans les établissements où ils sont employés.

Rapports avec les autres ouvriers et avec la population. — La présence d'un aussi grand nombre d'indigènes algériens n'a pas été sans soulever quelques difficultés au point de vue de la police de la grande cité marseillaise. Lors de l'enquête de 1912, le préfet des Bouches-du-Rhône avait signalé des rixes fréquentes et quelque hostilité de la part des milieux ouvriers étrangers et syndicalistes. De leur côté, les Kabyles ont fait part de leurs doléances à la Commission. Ils se sont plaints d'abord de la présence à Marseille d'un petit groupe d'Arabes, repris de justice et malfaiteurs avérés, qui commettraient sous le couvert de la chéchia, de nombreux vols et délits de toute sorte, nuisant ainsi à la bonne réputation des Kabyles. D'après ces derniers, les Italiens eux-mêmes arboreraient la chéchia toutes les fois qu'ils méditent un mauvais coup, de façon à égarer les soupçons sur les Kabyles, qui seraient ainsi en butte aux perquisitions continuelles et aux vexations de la police, sans être eux-mêmes efficacement protégés.

Coutumes et groupements. — En raison de la proximité de l'Algérie, les Kabyles de Marseille conservent en effet plus qu'ailleurs les usages de leur pays, et notamment le costume. Au point de vue religieux, ils se préoccupent davantage de réaliser les conditions extérieures qui doivent accompagner l'accomplissement de leurs rites. C'est ainsi qu'ils ont manifesté à la Commission le désir d'obtenir un emplacement réservé au cimetière et d'avoir un local pour leur culte avec un iman, qui servirait en même temps d'interprète. Mais aussi ils paraissent généralement supérieurs à leurs compatriotes du Pas-de-Calais et de Paris quant à leur organisation matérielle ; ils sont en tous cas plus pratiques qu'eux. La colonie kabyle de Marseille, sans avoir assurément tout le bien-être désirable, a des logements plus propres, plus aérés ; elle possède, d'autre part, une vingtaine de cafés-restaurants où l'on trouve du bon café maure et du couscous blanc aussi appétissant que celui des gargottes algériennes. La rue des Chapeliers, à elle seule, comporte sept cafés maures de ce genre. Au numéro 21 de la rue de Cassis (Prado) se trouve un café-restaurant qui présente quelque ressemblance avec l'estaminet Bizet, de Liévin. C'est dans cet établissement que fut conçue — œuvre du reste mort-née — une association appelée « La solidarité algérienne », qui se proposait de grouper les Arabes et Kabyles originaires d'Algérie, d'organiser des réunions et des conférences pour la propogation des idées d'aide réciproque et de secours mutuels. Cette association, fondée le 3 octobre 1912, se dispersa peu à peu, faute d'entente entre ses membres. Quelques uns d'entre eux, comme son ancien président, Iratni, se sont fait admettre depuis au cercle des Algériens Français.

V. — Demandes de main-d'œuvre kabyle parvenues à la Commission. — La main-d'œuvre agricole.

Bien que la Commission ait dû limiter ses études aux trois principaux centres ouvriers du Pas-de-Calais, de Paris et de Marseille, elle a été saisie, à la suite d'articles de presse, d'un certain nombre de demandes de renseignements émanant de diverses régions de la France, où l'on serait disposé à attirer la main-d'œuvre kabyle, notamment du Lot, de la Gironde, du Cantal, de la Côte-d'Or, de l'Aisne, de la Haute-Marne, de la Corse et de Sociétés ayant leur siège social à Paris, mais étendant leur action à tout le territoire de la Métropole.

Les auteurs de ces demandes de renseignements, agriculteurs, compagnies minières, propriétaires de carrières, entrepreneurs de travaux publics, tuileries, etc. désiraient connaître les exigences et les coutumes de ces travailleurs et surtout la manière de les recruter.

Comme il n'existe actuellement en Algérie aucune organisme de recrutement régulièrement constitué, nous nous bornons ici à mentionner ces diverses demandes pour signaler l'extension que va peut-être prendre très rapidement l'immigration des Kabyles dans la Métropole. Les industriels et les agriculteurs qui ont dû, depuis quelques années, faire venir des étrangers, dont ils sont souvent mécontents, sont maintenant avertis des ressources que l'Algérie peut leur offrir comme main-d'œuvre. Il est à prévoir que les uns et les autres ne tarderont pas à y faire appel, puisque cette main-d'œuvre est à la fois désireuse de s'enrichir et libre de répondre à cet appel. En ce qui concerne l'industrie, les expériences déjà tentées permettent de supposer que l'embauchage des Kabyles ira de jour en jour en augmentant. En ce qui concerne l'agriculture, les essais qui seront faits démontreront si les Kabyles doivent s'accommoder ou non des conditions du travail de la terre en France; dans l'affirmative, il y aurait là une cause d'accroissement considérable du mouvement que nous étudions.

VI. — Conclusions.

Portée des observations faites par la Commission. — Telles sont les constatations faites par la Commission. Comme elles sont limitées aux principaux objets signalés à son examen et ne s'appliquent qu'à quelques centres industriels, elles ne sauraient être présentées comme un exposé complet de la question de l'immigration kabyle en France. L'étude commencée serait utilement complétée par une série d'enquêtes analogues, qui porteraient successivement sur les diverses régions où l'on fera appel à la main-d'œuvre algérienne; il conviendrait en outre de tenir à jour périodiquement les renseignements statistiques recueillis sur l'emploi de cette main-d'œuvre dans tous les départements. L'Office de l'Algérie à Paris, qui a déjà dans ses attributions la recherche en France et à l'Etranger des informations économiques de toute nature susceptibles d'intéresser le développement de la colonie, pourrait être chargé expressément de réunir cette documentation complémentaire et les Préfets métropolitains, à qui M. le Sous Secrétaire d'Etat à l'Intérieur a bien voulu recommander particulièrement nos travailleurs berbères, par une circulaire récente (1), prêteraient certainement leur concours à l'Administration algérienne pour réviser, de temps à autre, les renseignements qu'ils ont fournis une première fois en 1912.

Ces constatations ne permettent pas non plus, pour les mêmes raisons, d'émettre une opinion définitive sur tous les problèmes soulevés par l'immigration des Kabyles en France, étant donné surtout que certains de ces problèmes doivent être étudiés plus spécialement en Algérie. Mais elles permettent cependant de se rendre compte de la situa-

(1) Annexe n° 4.

tion actuelle de la main-d'œuvre algérienne dans la Métropole, d'envisager les conséquences probables de ce déplacement des Kabyles et de dégager les mesures les plus urgentes qu'il conviendrait de prendre pour éviter certains inconvénients.

Situation actuelle de la main-d'œuvre kabyle en France. — La situation actuelle de la main-d'œuvre kabyle en France est en somme satisfaisante. Ces immigrants s'accommodent bien de la civilisation française et sont accueillis sans hostilité par les populations. Ils bénéficient de toutes les lois sociales et des institutions de prévoyance. Ils sont placés, au point de vue des salaires, sur le même pied que les autres ouvriers. Les employeurs apprécient leur bonne volonté et sont contents de leur travail. Si leurs logements laissent parfois à désirer, la cause doit en être attribuée aux difficultés temporaires que présente leur installation récente, spécialement dans les agglomérations minières où les habitations sont généralement organisées pour recevoir des ménages; cette situation se modifierait naturellement s'ils amenaient avec eux leur famille; en tous cas, la surveillance des commissions d'hygiène peut faire cesser, le cas échéant, des abus imputables surtout à l'esprit d'économie poussé à l'excès de la part des Kabyles. D'autre part, les logements s'amélioreront probablement d'ici quelque temps par suite de l'initiative bienveillante des employeurs.

Les sans travail. — La seule question qui mérite pour le moment de retenir l'attention est celle du chômage d'un certain nombre de Kabyles qui arrivent en France avec l'intention de se faire embaucher dans les mines ou usines sans se préoccuper auparavant de savoir s'il y a de la place pour les recevoir. Le nombre de ces sans travail risque de s'accroître dans l'avenir si d'autres Algériens sont attirés dans les campagnes et ne réussissent pas à s'y employer utilement.

Quant aux conséquences qui pourront résulter de l'immigration des Kabyles en France, elles doivent être envisagées au triple point de vue de la France, des Kabyles, et de l'Algérie.

Conséquences de l'immigration kabyle au point de vue métropolitain. — Au point de vue de la France, cette immigration, qu'un grand journal du matin a appelée « La bonne invasion » ne semble présenter aucun inconvénient, pourvu que les mesures d'hygiène et de police applicables à toutes les agglomérations d'hommes soient prises par les autorités compétentes. Elle ne risque pas de concurrencer la main-d'œuvre nationale, puisque celle-ci est déficitaire. L'appoint des travailleurs berbères sera au contraire très utile à l'industrie, et peut-être à l'agriculture, qui se plaignent de manquer de bras. Pour remédier à cette crise de la main-d'œuvre, on a dû faire appel jusqu'ici à l'élément étranger dont l'importance s'est accrue, depuis quelques années, dans des proportions inquiétantes. Non seulement des Belges, des Italiens et des Espagnols, mais des Allemands, des Polonais, des Hollandais, des Bulgares viennent travailler en France, et il a été question aussi de faire venir des Hindous et des Chinois. Tous ces étrangers pénètrent dans nos campagnes et se massent principalement dans les départements frontières. De 1906 à 1911, le nombre des étrangers en France s'est augmenté de 123.000 unités et le recensement du 5 mars 1911 a fait ressortir que cette augmentation portait surtout sur le département de la Seine et celui de Meurthe-et-Moselle. Le premier comprenait, en 1911, 204.679 étrangers, au lieu de 153.647 en 1906, le second 66.462 au lieu de 44.595. Dans le seul arrondissement de Briey, qui renferme 125.000 habitants, il y a 71.939 étrangers, dont 46.237 Italiens, 11.389 Belges et 6.151 Allemands. Il apparaît avec évidence que le remplacement progressif d'une partie de ces étrangers par des sujets français serait désirable au point de vue national. Il convient même de remarquer que la présence dans nos départements frontières de plusieurs milliers de Kabyles, parmi lesquels un certain nombre d'anciens militaires, pourrait offrir, en cas de guerre, une ressource précieuse, dont il y aurait tout intérêt à étudier dès à présent l'utilisation.

En dehors des considérations de défense nationale, la substitution de la main-d'œuvre kabyle à la main-d'œuvre étrangère présenterait des avantages d'ordre économique incontestables. La plus grande partie des salaires payés aux ouvriers étrangers s'en va en effet hors de France, tandis que les salaires payés aux ouvriers algériens restent, en définitive, sur un territoire français. En outre, le séjour des Kabyles dans la Métropole n'est pas sans exercer quelque influence sur leurs habitudes et ils acquièrent à ce contact plus étroit avec notre civilisation, des besoins nouveaux qui se traduiront insensiblement par un développement plus considérable des importations de l'industrie française en Algérie. On a déjà constaté en Kabylie que les indigènes revenant de France achètent sur les marchés des denrées alimentaires plus substantielles et se procurent pour leurs femmes et leurs enfants des étoffes et objets d'habillement de meilleure qualité.

Conséquences au point de vue des Kabyles. — En se plaçant au point de vue de l'intérêt des Kabyles, il semble également qu'il soit avantageux pour eux de venir en France, à condition toutefois que ceux qui viennent soient assurés de pouvoir se faire embaucher dans de bonnes conditions. Sous cette réserve, l'indigène qui vit péniblement dans ses montagnes et devient trop souvent la proie facile des usuriers peut trouver ainsi des salaires suffisants pour économiser mensuellement une cinquantaine de francs et améliorer notablement ses conditions d'existence et celle de sa famille. Les bénéfices pécuniaires que retirent les Kabyles de leur séjour en France sont attestés par l'accroissement des envois d'argent adressés de France en Kabylie depuis ces dernières années. Pendant le premier semestre de 1913, le seul bureau de poste de Fort-National a payé environ 1.310.000 francs de mandats-poste dont près de 252.000 francs provenant de l'étranger et les deux tiers du surplus provenant de la Métropole et expédiés pour la plus grande partie par ces émigrés.

Indépendamment de cet avantage matériel, les Kabyles retireront du temps passé par eux dans les mines ou dans les usines, une formation professionnelle qui leur manque aujourd'hui et grâce à laquelle ils pourront occuper dans les entreprises minières de l'Algérie (Ouenza et autres) ou dans les établissements industriels qui s'y fondent, des emplois mieux rémunérés que ceux auxquels ils ont pu prétendre jusqu'à présent.

Conséquences pour l'Algérie. — Cette amélioration de la valeur professionnelle et des habitudes de travail de la main-d'œuvre kabyle sera, d'autre part, un bénéfice pour l'Algérie. La colonie profitera également de ce mouvement d'émigration, du fait de l'enrichissement qui en résultera pour une partie de sa population. Elle en profitera enfin parce que les Kabyles, après s'être trouvés en contact direct avec la vie intense de la Métropole, en reviendront plus habitués à nos usages et faciliteront ainsi, dans les milieux indigènes, les progrès de notre civilisation.

Mais ces avantages moraux et matériels n'auront-ils pas pour l'Algérie une contre-partie? Cet exode des Kabyles n'aura-t-il pas aussi des conséquences nuisibles aux intérêts algériens? Nous nous bornerons à mentionner ici ces conséquences possibles, dont une étude sur place pourrait seule dégager la réalité et, le cas échéant, permettre d'apprécier l'importance.

On a signalé les acquisitions territoriales de plus en plus nombreuses effectuées par les indigènes dans toute la Colonie et particulièrement en Kabylie, où certains centres de colonisation ont été petit à petit rachetés aux Européens par leurs voisins berbères. Et l'on a exprimé la crainte que les gains réalisés dans la Métropole par les ouvriers Kabyles ne les mettent à même de généraliser ces achats et d'éliminer progressivement les Français. Cette grave question du recul de la colonisation dans certaines régions mérite assurément de retenir toute l'attention de l'Administration, mais elle s'était déjà posée bien avant que les Kabyles aient commencé à aller travailler de ce côté de la Méditerranée. Quant à détourner les indigènes de s'enrichir pour les empêcher d'acheter des terres, personne ne saurait y songer. Dès lors, qu'importe la façon dont ils s'enrichissent ? Qu'importe que ce soit en travaillant comme ouvriers dans la Métropole, ou en perfectionnant leur élevage ou leurs industries agricoles comme l'Administration et les colons les encouragent à le faire ?

On a dit aussi que ce mouvement entrainerait une hausse des salaires en Algérie. Si l'on compare les gains obtenus par les Kabyles dans la Métropole avec ceux qu'ils recueillent aujourd'hui dans la Colonie, on est en effet amené à considérer cette conséquence comme vraisemblable. Encore faudrait-il déterminer dans quelle mesure il conviendrait d'attribuer à cette seule cause un phénomène économique aussi général à notre époque, alors surtout que les salaires se sont déjà relevés en Algérie depuis quelques années, sans que cette première augmentation puisse s'expliquer par les départs, trop peu nombreux à cette époque, des travailleurs Kabyles. En outre, si la hausse des prix s'accompagne de l'amélioration de la qualité de la main-d'œuvre, elle sera sans doute subie moins difficilement par les colons.

On s'est inquiété enfin de la raréfaction de la main-d'œuvre que pourrait entrainer cet exode vers la Métropole, s'il prenait plus d'importance. Ces admirables exploitations agricoles créées sur tous les points de l'Algérie au prix d'un labeur acharné, risquent-elles de se trouver en péril, par suite de la disparition progressive de la main-d'œuvre qui leur était habituelle et qu'elles ne sauraient remplacer ? S'il était démontré que l'émigration des Kabyles dût aboutir à ce résultat, il conviendrait assurément de se préoccuper de la déconseiller, car le maintien de l'œuvre de colonisation réalisée en Algérie n'intéresse pas seulement les destinées de notre pays dans l'Afrique du Nord et la fortune de nos compatriotes, il intéresse aussi la prospérité des indigènes eux-mêmes, qui seraient les premiers à souffrir de la ruine de nos colons. Mais, à première vue, cette crainte paraît un peu exagérée, et cela pour deux raisons. En premier lieu, le départ des Kabyles pour la Métropole ne présente pas le caractère d'un exode définitif, mais celui d'une émigration temporaire, d'une sorte de va-et-vient, qui ramènera périodiquement dans la colonie des ouvriers plus capables que ceux qui partiront. Ensuite, il convient de remarquer que les départs n'ont guère affecté jusqu'à présent que quelques douars, situés dans les communes mixtes de Dra-el-Mizan, de Fort-National, de Michelet, et du Guergour; or les immenses réserves de population que renferment encore le reste de la Kabylie, l'Aurès et bien d'autres régions de l'Algérie, ne permettent-elles pas de penser qu'il est possible de procurer du travail à un plus grand nombre d'indigènes miséreux et de fournir à la Métropole une partie de la main-d'œuvre qui lui manque, sans pour cela priver la colonisation des bras dont elle a besoin ? Ce qui pourrait arriver, c'est qu'en raison des conditions dans lesquelles s'opère actuellement le recrutement des Kabyles, certains douars se trouvent momentanément dépeuplés alors que d'autres ne fourniraient aucun immigrant. Cet inconvénient, qui se traduirait en effet par une crise de la main-d'œuvre dans des contrées déterminées, pourrait, semble-t-il, être évité par un recrutement plus rationnel.

Enfin, il faut songer aussi que le Maroc, peuplé de Berbères, est un admirable réservoir d'activité humaine. Déjà, on a relevé en France une immigration de Marocains. Tout fait prévoir qu'elle suivra le mouvement des Berbères algériens et que, d'ici à quelques années, la concurrence s'étant établie, les craintes de la colonisation algérienne auront complètement disparu.

Inconvénients du mode actuel de recrutement. — Comment y remédier. — Le recrutement qui se pratique actuellement a le double défaut de ne pas procurer aux employeurs les ouvriers les plus aptes aux travaux à exécuter et d'amener dans certains centres de la Métropole des Kabyles qui ne trouvent pas à s'y faire embaucher. Si l'on tient compte en outre de cette localisation excessive des départs dont nous venons de parler, et si l'on considère le danger que présentent pour les Indigènes les sollicitations dont ils peuvent être l'objet de la part d'intermédiaires non qualifiés, on doit reconnaître qu'il serait urgent de remédier à cet état de choses. Si les sociétés houillières, par exemple, consentaient à cette combinaison, qu'elles ne se sont pas refusées à étudier, elles pourraient faire passer la visite médicale et faire embaucher leurs ouvriers kabyles en Algérie en s'assurant de leur identité. Les grands industriels, et, le cas échéant, les directeurs d'exploitations agricoles pourraient de même faire recruter par un représentant les Kabyles qu'ils désirent faire venir, en vérifiant auparavant s'ils possèdent les aptitudes requises pour les travaux auxquels ils les destinent. Une société philanthropique ou des syndicats offrant toutes les garanties désirables pourraient encore se charger de ce soin et recruter sous leur responsabilité les ouvriers qui leur seraient demandés par des industriels de la Métropole. Ils pourraient très facilement installer à Alger ou au cœur même de la Kabylie des agences de placement. Cette façon de procéder aurait l'avantage de permettre d'obtenir des réductions de tarif pour le transport en commun de ces ouvriers et les employeurs consentiraient sans doute à prendre à leur compte les frais de voyage des Kabyles qui travailleraient chez eux pendant un temps suffisant. A ces personnalités ou sociétés qualifiées, l'Administration pourrait prêter son concours pour les renseigner, en leur indiquant les régions de l'Algérie dont la population est assez abondante pour fournir de la main-d'œuvre en France sans inconvénient. On serait ainsi en mesure de sauvegarder les intérêts de l'Algérie; les employeurs auraient à leur disposition une main-d'œuvre plus régulière ; les Kabyles feraient l'économie des frais de voyage, ils éviteraient le chômage et les sollicitations dangereuses.

Ajoutons que sur ce dernier point, l'Administration devra également intervenir pour surveiller de très près, en ce qui concerne la main-d'œuvre kabyle, l'application des règlements en vigueur sur les bureaux ou agences de placement. Dans le cas où ces règlements paraîtraient insuffisants pour protéger les indigènes contre les agissements dont ils pourraient être victimes, il conviendrait d'étudier s'il n'y aurait pas lieu de s'inspirer des textes qui régissent l'émigration des travailleurs indigènes de nos autres colonies ou des colonies étrangères, pour édicter de nouvelles dispositions, assurant plus efficacement le contrôle de l'Administration sur les agences de ce genre.

Comment aider les Kabyles en France. — Nous venons de signaler le rôle que pourrait jouer un groupement philanthropique ou syndical qui s'occuperait d'organiser plus rationnellement le recrutement des Kabyles. Il serait à désirer qu'un organisme analogue fontionnât à Paris, pour centraliser les demandes de main-d'œuvre algérienne formées par des sociétés ou par des particuliers habitant la Métropole (1). Cet organisme centraliserait également les demandes de travail émanant des Kabyles qui se trouvent en France sans emploi. Enfin si une association de ce genre arrivait à grouper, en vue d'une action pratique, les sympathies qui sont acquises à nos sujets indigènes dans la Métropole, elle pourrait assumer un beau rôle de protection discrète et d'assistance morale en s'occupant amicale-

(1) La « Société Nationale de Protection de la main-d'œuvre agricole » qui a son siège à Paris, et fonctionne sous le patronage des Ministères de l'Agriculture et du Travail, remplit déjà ce rôle en ce qui concerne les emplois agricoles, bien que son action ne soit pas limitée aux sujets français et s'étende aux ouvriers agricoles étrangers.

ment des Kabyles pendant leur séjour en France. Qu'il s'agisse en effet des mesures à prendre pour respecter leurs coutumes religieuses en ce qui concerne les inhumations, la nourriture, etc..., ou des encouragements à donner pour développer les institutions mutualistes capables de soutenir les plus faibles et d'aider les nouveaux venus à s'acclimater, il est certaines initiatives qui ne semblent pas devoir être le fait de l'Administration, et qu'une association privée pourrait poursuivre avec plus de souplesse et plus d'efficacité.

Résumé des conclusions de la Commission. — En résumé, après avoir étudié, à la lumière des renseignements qu'elle a pu se procurer, la question si complexe de l'immigration des Kabyles dans la Métropole, la commission exprime l'avis :

1° Qu'il y aura lieu de compléter la documentation recueillie et de la tenir à jour périodiquement dans les diverses régions de France où les Kabyles viendront travailler.

2° Qu'il conviendrait d'étudier de près en Algérie la répartition du mouvement d'émigration des Kabyles de manière à se rendre compte des conséquences qui en résulteront au point de vue de la main-d'œuvre locale et afin de déterminer les régions où ce mouvement pourrait s'étendre sans inconvénient. L'Administration algérienne pourrait donner toutes instructions utiles à ses services de police dans les ports afin d'être tenue constamment au courant des mouvements de l'émigration et de leur importance. Tous les partants devront être signalés aux autorités locales algériennes, à toutes fins utiles et notamment en vue du recrutement militaire. Par les parents, ces autorités pourront presque toujours savoir où se trouveront les émigrés.

3° Qu'il serait désirable de voir les principaux employeurs de la Métropole, ou une Société philanthropique ou à caractère syndical régulièrement constituée et dûment qualifiée, recruter les Kabyles en Algérie même, ce qui procurerait à ces employeurs des ouvriers plus adaptés à leur tâche, tout en facilitant le voyage des indigènes ainsi recrutés et en évitant l'encombrement des centres industriels français par des Kabyles sans travail. L'Administration pourrait fournir à ces agents d'embauchage autorisés des renseignements sur l'importance de la main-d'œuvre disponible dans les douars de la colonie. Il importe également d'exiger des émigrants qu'ils emportent avec eux une pièce d'identité, la carte de l'état-civil par exemple, mieux encore un livret d'ouvrier, qui devrait être fabriqué de manière à comporter deux cases spéciales qui comprendraient la photographie, ou tout au moins l'empreinte digitale. On fera comprendre facilement aux Kabyles l'intérêt de ces mesures qui éviteront la substitution d'individus et permettront aux autorités locales de la Métropole d'exercer leur surveillance lorsqu'il y aura lieu.

4° Qu'il serait utile d'exercer un contrôle sévère sur les bureaux et agences de placement et de renforcer, si la nécessité en apparaissait, la réglementation actuelle sur ce point, afin de protéger les indigènes contre l'exploitation dont ils pourraient être victimes.

5° Qu'il serait à souhaiter enfin de voir se créer en France un organisme désintéressé, qui aurait un double but : d'abord centraliser à la fois les demandes de main-d'œuvre algérienne formulées sur tous les points de la Métropole, et les demandes d'emploi formulées par les Kabyles qui y résident déjà mais ne trouvent pas à s'y occuper ; ensuite fournir à nos sujets indigènes cette protection discrète et cette aide amicale qui leur serait si précieuse pour s'acclimater en France et pour rapporter un souvenir heureux et confiant de leur séjour momentané dans la Mère-Patrie.

ANNEXE N° 1

Répartition, par département, des indigènes algériens résidant en France en 1912.

Départements	Nombre d'indigènes résidant	Observations
Ain	15	Employés à la fabrique de ciment de Jussieux.
Aisne	»	Quelques colporteurs de passage
Alpes-Maritimes	»	Idem.
Aube	»	Idem.
Aude	»	Idem.
Aveyron	20	20 travailleurs aux mines de Decazeville, de Saint-Aubin. Quelques colporteurs de passage.
Basses-Alpes	»	Quelques colporteurs de passage
Bouches-du-Rhône	2 000	800 employés dans les huileries, raffineries ; 60 sur les quais ; 40 à l'Estaque comme terrassiers ; 800 comme manœuvres dans les chantiers ; les autres, colporteurs, journaliers.
Belfort	»	Quelques colporteurs de passage
Cantal	»	Idem.
Charente	»	Idem.
Charente-Inférieure	2	Exerçant la profession de marchands forains. Quelques colporteurs de passage.

Départements	Nombre d'indigènes résidant	Observations
Cher	»	Quelques colporteurs de passage
Côtes-du-Nord	»	Idem.
Drôme	3	2 négociants, 1 galochier.
Eure-et-Loir	»	Quelques colporteurs de passage
Finistère	»	Idem.
Gard	16	Installés comme commerçants.
Gironde	9	5 marchands de tapis, 1 journalier, 1 mécanicien, 1 employé au chemin de fer, 1 camelot.
Hautes-Alpes	»	Quelques colporteurs de passage
Haute-Garonne	9	1 journalier, 1 valet de ferme, 2 laitiers, 1 homme de peine, 1 chasseur dans un café, 3 colporteurs.
Haute-Loire	1	Femme employée comme domestique.
Hautes-Pyrénées	»	Quelques colporteurs de passage
Haute-Saône	1	Domestique : 50 fr., le logement et la nourriture. Quelques colporteurs de passage.
Haute-Savoie	»	Quelques colporteurs de passage
Haute-Vienne	2	1 manœuvre, 1 colporteur.
Hérault	3	2 colporteurs, 1 employé dans une filature, plus des colporteurs de passage.
Isère	»	Quelques colporteurs de passage
Jura	»	Idem.
Landes	1	Marchand d'olives, 10 fr. par jour.
Loire	20	4 travailleurs dans les mines, les autres sont colporteurs

Départements	Nombre d'Indigènes résidant	Observations
		d'étoffes ou d'articles de bimbeloterie.
Manche	4	Marchands ambulants en mercerie et bijouterie.
Mayenne	»	Marchands forains de passage.
Meurthe-et-Moselle..	15	3 employés aux aciéries de Longwy, la plupart colporteurs, s'embauchent parfois dans les usines ou comme journaliers, lorsque leur pacotille est épuisée ; ils rayonnent parfois en Belgique.
Meuse	»	Indigènes de passage.
Morbihan	»	Quelques colporteurs de passage
Nord	80	Quelques-uns sont colporteurs, la majeure partie employée dans les usines du bassin de Maubeuge : 4 fr. 50 à 5 francs par jour.
Pas-de-Calais	403	400 occupés dans les mines, 3 employés aux travaux du port de Boulogne.
Puy-de-Dôme	40	Employés aux établissements Michelin. Quelques colporteurs de passage.
Pyrénées-Orientales.	»	Quelques colporteurs de passage
Sarthe	»	Idem.
Savoie	»	Idem.
Seine	600	250 employés dans les raffineries, 36 à la compagnie des omnibus, 40 dans les chemins

		de fer, quelques-uns dans les usines de produits chimiques (1.500 indigènes de passage).
Seine-et-Oise.......	8	1 employé d'usine, 2 maçons, 4 ouvriers papetiers, 1 commerçant en confiserie.
Seine-Inférieure....	1	Manœuvre.
Somme...........	»	Quelques colporteurs de passage
Tarn...........	»	Idem.
Var...........	40	23 mineurs, 1 serrurier, 5 journaliers, 9 manœuvres, 1 cocher, 1 vernisseur.
Vaucluse.........	4	2 employés comme domestiques à 35 francs par mois, 2 journaliers.
Vendée...........	»	Quelques colporteurs de passage
Vienne...........	»	Idem.

N.-B. — Dans les autres départements, la présence d'Algériens n'a pas été constatée en 1912.

ANNEXE N° 2

Relevé des accidents du travail survenus à des Kabyles de la Compagnie des mines de houille de Courrières.

1° BASSAID Slimane (Alger)	Tué le 29 janvier 1913. Célibataire (laissait son père non à sa charge). Secours de 300 francs une fois donné.
2° OUIDIR Akli (Fort National), parti le 12 avril 1913.	Blessé le 27 décembre 1912. Plaies du pouce et index main droite. Réduction de 9 0/0. Rente de 62 fr. 90 rachetée par un capital de 1.000 francs.
3° GRINE Rezki (Tizi-Hibel)....	Accident du 9 décembre 1912. Amputation de la jambe gauche. Réduction de 75 0/0. Rente de 598 fr. 93.
4° LOTMANI Rezki (Alger), parti le 7 mai 1913	Accident du 30 août 1912. Amputation de la phalangette du médius de la main gauche Réduction de 6 0/0. Rente de 41 fr. 22.

ANNEXE N° 3

Circulaire de la Compagnie houillère de Courrières relative au Rhamadan.

HEURE DU BRIQUET
DES KABYLES

Billy-Montigny, 7 août 1913.

Monsieur l'Ingénieur,

Les Kabyles, dont le carême a commencé hier, ont demandé à faire briquet de 19 heures 3/4 à 20 heures au lieu de 19 heures 1/2, afin de pouvoir suivre les rites de leur religion qui prescrit le jeûne du lever au coucher du soleil, l'heure de celui-ci étant sensiblement, en cette saison, 19 heures 3/4.

Je ne vois pas que ce décalage momentané — durée de un mois — puisse nous gêner beaucoup et j'ai répondu affirmativement à cette demande.

En conséquence, je vous prie de donner les ordres nécessaires à la Surveillance en recommandant à celle-ci le *plus grand tact* pour éviter de se heurter au fanatisme de ce personnel, tout en assurant le service et la discipline dans les travaux.

L'ingénieur en chef du fond,

Signé : GUERRE.

ANNEXE N° 4

Circulaire de M. le Sous-Secrétaire d'État à l'Intérieur adressée à MM. les Préfets de la Métropole.

Paris, le 26 janvier 1914.

« Au cours des débats ouverts en décembre dernier, à la chambre des députés, sur notre politique indigène dans l'Afrique du Nord, et plus particulièrement en Algérie, l'attention du gouvernement a été appelée sur la situation des indigènes de notre grande colonie, employés en France dans les entreprises agricoles ou industrielles.

« D'accord avec le Gouverneur général de l'Algérie, j'ai constitué une commission chargée d'examiner sur place les conditions dans lesquelles ces indigènes vivent et travaillent sur notre sol. Cette commission n'a pas encore achevé ses travaux, mais il résulte de ses premières constatations que, s'ils bénéficient de la façon la plus large de la protection de notre législation ouvrière, leur installation matérielle laisse souvent à désirer au point de vue de l'hygiène. Elle précisera prochainement ses observations dans un rapport que je me propose de porter à votre connaissance.

« Toutefois, je crois devoir appeler, dès à présent, votre attention sur l'intérêt qui s'attache à ce que l'administration ait un constant souci d'exercer son action en faveur des nombreux ouvriers que nous envoie l'Afrique du Nord.

« Nous sommes, vous le savez, tributaires, au double point de vue agricole et industriel, d'une importante main-d'œuvre étrangère; c'est-à-dire que nous devons nous efforcer de faciliter, ou tout au moins de ne pas entraver ce mouvement d'immigration, dont notre pays ne peut que tirer profit. Et l'un des plus sûrs moyens d'atteindre ce but consiste à assurer aux indigènes, qui nous apportent librement l'appoint de leur travail, des conditions d'existence aussi satisfaisantes que possible.

« Il vous appartient, Monsieur le Préfet, de veiller plus spécialement, dans leur intérêt comme dans celui des populations au milieu desquelles ils se trouvent, à toutes les prescriptions de l'hygiène, qui sont la sauvegarde de la santé publique, et je ne doute pas que sur ce point particulier, vous ne trouviez chez les chefs d'industries qui les emploient toute la bonne volonté nécessaire.

« Ai-je besoin d'ajouter que, d'une façon générale, nos efforts doivent tendre à ce que nos ouvriers algériens puissent emporter, en quittant la métropole, un souvenir reconnaissant des procédés dont on aura usé à leur égard.

« Notre influence dans la grande colonie africaine, ne pourra qu'y gagner. Je sais, d'ailleurs, que je puis compter, à cet effet, sur votre concours vigilant.

« Je vous prie, Monsieur le Préfet, de vouloir bien m'accuser réception de la présente circulaire. »

www.ingramcontent.com/pod-product-compliance
Ingram Content Group UK Ltd.
Pitfield, Milton Keynes, MK11 3LW, UK
UKHW021021200726
13857UKWH00004B/1515

9 782012 950184